신바람 난 닥밭골

이원술 시조집

신바람 난 닥밭골

초판1쇄 발행 2024년 8월 31일

지은이 이원술
펴낸이 이길안
펴낸곳 세종출판사

주소 부산광역시 중구 흑교로 71번길 12 (보수동2가)
전화 463-5898, 253-2213~5
팩스 248-4880
전자우편 sjpl5898@daum.net
출판등록 제02-01-96

ISBN 979-11-5979-703-3   03810

정가 12,000원

부산광역시 BUSAN METROPOLITAN CITY 부산문화재단 BUSAN CULTURAL FOUNDATION
본 도서는 2024년 부산광역시, 부산문화재단(부산문화예술지원사업)으로 지원을 받았습니다.

이 책은 저작권법에 따라 보호받는 저작물이므로 무단전재와
무단복제를 금지하며, 이 책 내용의 전부 또는 일부 내용을 재사용하려면
사전에 저작권자와 세종출판사의 동의를 받아야 합니다.
* 잘못된 책은 교환해 드립니다.

신바람 난 닥밭골

신바람 난 닥밭골

의원品 시조집

세종출판사

| 시인의 한마디 |

꼬까옷 차려입고 세배받기 바쁜 하루
세뱃돈 준비하여 덕담을 쏟아 낸다
온 동네 울긋불긋 담장 골목마다 팽이친다

찬 바람 몰아쳐도 추운 줄도 모르고서
귀마개 막아두고 신발이 뛰고 있다
햇살이 몰래 왔다가 산을 넘어 간 건가

손등은 부르터도 이마에 흐르는 땀
다망구 골목마다 친구와 노는 재미
엄마가 밥 먹으라는 말 귀에 번쩍 간단다

아침밥 먹고 나서 큰 소리 외치는가
마누라 서로 함께 건강이 최고이다
며느리 아들 손녀들도 모두모두 웃네요

이 시조집은 아내 김정숙, 큰아들 덕현, 며느리 임지연,
손녀 나윤, 작은아들 대현, 며느리 김민영, 손녀 소민이가
큰 힘이 되었습니다. 고맙고 덕분에 행복합니다.

2024년 여름 이원술 올림

차례

시인의 한마디 • 5

제1부

부산 갈매기 ____ 13
볼레길 ____ 14
갈맷길을 걸으며 ____ 15
빛의 거리 ____ 16
홍시 ____ 17
도시의 가을 ____ 18
수덕여관 소나무 ____ 19
떼법 ____ 20
먼 훗날 자화상 ____ 21
언제쯤 올 것인가 ____ 22
담쟁이 ____ 23
새해 햇귀 ____ 24
동백나무 ____ 25
건널목 ____ 26
소망 계단에 오르다 ____ 27

제2부

민들레 ____ 31
동매산의 봄 ____ 32
마음 꽃밥 ____ 33
구절초 ____ 34
복수초 ____ 35
석류 ____ 36
서운암의 꿈 ____ 37
억새밭 ____ 38
송도 바다 ____ 39
모래톱 마을 ____ 40
다대포 낙조 분수 ____ 41
을숙도 ____ 42
유리 창밖 수채화 ____ 43
개나리 ____ 44
덕유산이 뭐라카노 ____ 45
무수천無愁川 혼저옵서예 ____ 46

제3부

신바람 난 닥밭골 ____ 49
낚아채다 ____ 50
회초리를 들다 ____ 51
취준생 ____ 52
하루살이 ____ 53
모르쇠 ____ 54
벽을 허물고 ____ 55
스파이더맨 ____ 56
종이비행기 ____ 57
마스크 꽃 ____ 58
셋방살이 ____ 59
붕어빵 ____ 60
가을 든 섬잣나무 ____ 61
함부로 담을 넘는가 ____ 62
판잣집 ____ 63
홍콩반점이 왜 이래 ____ 64
하단 장날, 떨이요 ____ 65

제4부

금샘 ____ 69
블랙홀 ____ 70
반려견을 보내고 ____ 71
꽃집 ____ 72
모기 ____ 73
인터넷 말 ____ 74
오늘살이 ____ 75
파랑새 ____ 76
까치집 ____ 77
옹달샘 ____ 78
보수동 책방골목 ____ 79
책에서 향기 찾다 ____ 80
하룻밤 귀촌 ____ 81
황령산 전망대 ____ 82
맨발이 깨어난다 ____ 83
은구재隱求齋 돌아보며 ____ 84

제5부

은사리 ____ 87

석경石鏡 ____ 88

탑 ____ 89

다솔사 신목 ____ 90

황계폭포 ____ 91

가왕도加王島 ____ 92

꿈속의 아버지 ____ 93

구송九松, 너를 생각한다 ____ 94

청설모 ____ 95

부산 볍씨 ____ 96

한글날 ____ 97

한글날 2 ____ 98

알 수 없어요 ____ 99

대한독립 만세 ____ 100

자갈치 모퉁이 ____ 101

까꿍 ____ 102

자, 갈치다 ____ 103

해설 • 임종찬
거부의 몸짓, 통상관례의 초월 ____ 105

제1부

부산 갈매기

첫 새벽 바닷바람 추위도 신이 났다
잘 말린 생선 팔아 땀 흘러 신용 쌓고
투박한 부산 사투리 싸우는 줄 알겠다

살아난 송도 해변 고등어가 한몫하니
고향이 된 시장바닥 정들면 이웃사촌
싱싱한 자갈치시장 관광버스 줄을 선다

부대낀 피난살이 자식을 가르친 곳
새 건물 짓는다니 이쁜 꽃 피길 빌고
찾아온 영도다리 위 끼룩대며 반긴다

볼레길

오가는 길목마다 가지엔 꽃봉오리
하늘길 케이블카 바다 위 날아간다
낚시꾼 갯바위 앉아 은빛 햇살 올린다

나뭇잎 부채바람 쉼터 된 포구나무
어촌계 섶자리에 메밀꽃 요동친다
벼랑길 송도 해안선 암남공원 향한다

바닷새 보금자리 펼치는 그린나래
망원경 인증 눈빛 등대가 낮잠 깬다
수평선 얼굴 빨개져 하모하모 까르륵

갈맷길을 걸으며

보면 갖고 싶은 탐욕의 길을 지나
가진 것 내려놓고 빈손으로 걸어간다
잊었던 가장 소중한 것 눈길 돌린 내 모습

그 틀 속 벗어나서 하고픈 일 찾는 나날
갈맷길 뚜벅이들 틈에 끼어 함께 걷다
안개 속 느림의 길이 흐릿하게 비친다

빛의 거리

광포동 축제마당 차 없는 그 거리
갈증을 헤집으며 인파 따라 출렁이는
연말의 아쉬운 마음 옷깃을 파고든다

거리의 화가들도 손놀림이 바쁘구나
잡아둔 인물 윤곽 꼼꼼하게 마무리
뒷면의 숨겨두었던 흑심까지 꺼낸다

찬바람을 가르며 갈매동인 걸어간다
만나서 따뜻한 밤 인증샷 남기면서
눈부신 빛을 흔들자 별빛도 숨어든다

홍시

감 열려 주렁주렁 택배로 찾아왔다
대봉감 흠 생길까 기억나는 잡은 장대
찬바람 휘몰아쳐도 까치밥은 여전하다

주황색 우듬지에 노랫가락 절로 나고
까막까치 자리 펴서 탱자나무 울이 된다
외갓집 넉넉한 품속 이파리도 익어간다

붉은 팥 봉치시루 새신랑 맞이하듯
소반 위에 연시가 다소곳이 앉아있다
겨울밤 이야기 꽃핀 주인공은 어머니다

도시의 가을

누구의 돌팔매인가
깜짝 놀라 멈추었다

두리번거리며 찾아보니
너도밤나무 열매 한 알

아는지
모르는 건지
가을이 달아난다

수덕여관 소나무

솔향기 이끌려서 찾아온 얼굴 본다
이응로 붓을 놓고 모른 척 지나치고
똑같이 마주 보면서 바람이 소곤댄다

새벽이 잠 깨우는 일엽 일당* 아는가
말없는 눈빛 떨림 못 잊어 두고 간 정
빚진 맘 녹여버리니 시화집 하나 된다

방울꽃 굴리면서 숙덕이는 한 빗줄기
멍하니 손님맞이 스스럼 남겨두고
코끝에 늘 푸른 울림 힘든 일 품어준다

*일엽 : 김일엽(金一葉, 1896-1971) 일제강점기의 여성운동가,
　　　언론인, 승려 시인 겸 수필가.
*일당 : 비구니계 거목 '일엽스님'의 외아들 일당 스님

떼법

앗, 이게 웬일인가 떼 지어 몰려간다
긴장해 살펴보니 하는 짓 수상하다
붉은 띠 이마에 매고 소리질러 귀 멍멍

조그만 불편에도 참지 못해 달려온다
법대로 하는 데도 그보다 더 높은 법
무조건 큰소리치며 생떼 써도 만난다

먼 훗날 자화상

오늘도 살아있음에 집 밖을 서성인다
넋두리 혼잣말을 들어줄 친구 찾다
누군가 대답해 줄까 소리 없는 아우성

아이 어른 함께 오는 놀이터 등대 광장
떠들며 뛰고 싶은 마음만 청춘이다
놀아줄 사람은 없다 혼자만의 춤사위

사람을 숨겨둔 곳 빌딩숲 거대한 성
손목의 스마트폰 검색도 따분하다
한바탕 물장구치기 젊은 기운 되살린다

언제쯤 올 것인가

창유리 물을 타고 촉촉이 적시는 땅
방울꽃 달아 두고 풀잎이 춤을 춘다
안개비 마스크 쓰고 산을 꿀떡 삼킨다

매화밭 가지마다 봉오리 먼 산 본다
시냇물 얼음 깬 후 날개 단 버들개지
산까치 새벽을 열어 반길 손님 알린다

먼 길을 고향 찾아 산나물 다시 오듯
죽은 척 귀로 읽어 재미난 숨바꼭질
파랑새 기다리는 그날 아지랑이 널 담다

담쟁이

도로변 빈 옹벽에 죽은 척 붙어 있다가
겨울잠 깨어나서 넝쿨손 쭉쭉 뻗듯
청년의 평생 일자리 공시족이 몰린다

연둣빛 옷을 입고 그 벽을 올라간다
새 줄기 흔들면서 기회를 꼭 잡아야 해
까치발 동동 굴리며 좁은 문을 뚫는다

새해 햇귀

수평선 저 오메가 햇귀가 싱그럽다
노을빛 초점 따라 힘차게 차고 오른
수줍어 붉어진 얼굴 속 신음을 토한다

그리워 찾아가도 유리창이 가로막고
가슴에 올려놓고 용광로 불길 타듯
여기가 별나라인가 어머니 손 못 잡는다

불덩이 기운 받아 대장부 불러내면
어둠이 빛내려고 혼불처럼 타오르고
코뚜레 자갈 물린 소 호랑이가 내쫓는다

동백나무

임경업 후손 잠든 산소가 지켜준다
촘촘히 고개 들어 봄이 온 걸 알리며
동매산 양지바른 곳 까마귀도 찾는다

도래솔 둘러싸여 붉은 꽃 말이 없다
조상이 뿌리내린 참뜻을 모르는 척
하늘도 슬피 우는 날 예쁜 모습 밝힌다

건널목

신호등 기다리는 황소만한 개 두 마리
놀라서 졸인 가슴 긴 한숨 내어 쉬고
겁먹고 뒷걸음치며 달려올까 살핀다

너무나 힘이 세어 따라가기 힘들구나
짖는 소리 없는데도 입마개 하지 않아
주인도 끌려가는데 멀찌감치 서 있다

소망 계단에 오르다

산자락 피난민촌 골목길이 위태롭다
소원 빌면 이뤄진다는 동자 바위 사라져도
닥밭골 벽화마을로 새롭게 태어났다

노랑머리 외국인이 나에게 길을 묻는다
핸드폰 음성녹음에 영어 자막 뜨고 있는
우리말 세계화된 위력 세종대왕 힘이다

가파른 계단에는 모노레일 살아있다
이인용 날개옷이 소망을 향해 가네
꼭대기 백구십이 계단 산복도로 열린다

제2부

민들레

아무리 짓밟혀도
살아나는 틈새 일터

청년 백수 발밑에서
힘내라고 응원보내

아 처음*
댓바람부터
멈춰서 손짓한다

*아 처음: 다석 류영모 선생은 무에서 유가 발생해 나오는 태초의
 시작을 감탄하여 <ㆍ(아)>라고 외치는 현상이다.
 <아침>도 그러한 의미로 풀이하여 아침은 <아 처음>에서 비롯된
 것으로 본다.

동매산*의 봄

독산의 숨결 속에 이순신 그 발자취
임중생 의주에서 정착한 소나무 숲
촘촘한 솔잎의 세월 꿋꿋하게 서 있다

둘레길 발길 따라 보도연맹 핏빛 자국
골짜기 돌무더기 헤매는 애달픈 넋
연분홍 피어난 참꽃 영혼들을 달랜다

전망대 올라가니 낙동강 홍실 물결
을숙도 하구언이 밤하늘 은하수길
내 마음 그리움 담아 편지 한 통 보낸다

*동매산은 부산시 사하구 신평동에 있는 작은 산으로 동쪽의 산임

마음 꽃밥

텃새가 오가는 곳
밥풀 꽃 달아둔다

동박새 곤줄박이
인정을 쪼고 있는

숲가의
작은 화분대,
음악회 끝이 없다

구절초

산비탈 고운 물결 꽃향기 은은하다
줄기 속 아홉 마디 약 기운 서려 있고
허준의 동의보감촌 길목마다 하얀빛

가을산 정기 가득 새벽녘 피는 안개
온몸에 쌓인 먼지 차 한 잔에 씻어내는
꽃동산 가슴에 안고 웃음꽃을 남깁니다

복수초

일찍이 살짝 눈 떠
햇살을 닮은 얼굴

뽐내는 고운 자태
살얼음 금이 가고

동치미
고개 숙이고
봄이 온 걸 알린다

석류

얼마나 울었나요
얼굴이 붉어졌나

하고픈 말 하여야지
혼자만 숨겨놓고

눈물샘
터져 나오며
속앓이 드러난다

서운암의 꿈

산울림 시조 백수 뻐꾸기 따라 읊다
책 읽고 땔감 한 짐 하루해가 너무 짧다
영축산 펼쳐진 병풍 둥지 내린 독수리

우리 것 쪽물 염색 장경각 옻칠 옷 입고
십육만 도자경판 통일 염원 담겨있다
사람꽃 얼싸안고서 화전놀이 익어간다

풀벌레 들꽃 동산 새벽이 달려오고
시냇물 노랫가락 장독대 잠을 깨니
시조 밭 큰 나무 되어 민족혼 되살린다

억새밭

하얀 뭉게구름 산등에 내려앉았다
가을산 능선 따라 바람에 일렁이며
떼 지어 몰려다니는 은갈친 듯 퍼덕인다

마음껏 놀다가도 자릿세 없는 들판
찾아온 반가움에 건네는 춤사위들
앞가린 칡넝쿨조차 함께 가자 아우른다

출렁이는 은빛 물결 밀려서 찾아오리
갈채로 되살아날 그들의 환한 웃음
군무로 들썩일 축제 명화 한 점 떠올린다

송도 바다

영도와 송도 사이 찾아온 어머니 품
멈춰선 작은 섬이 마음 자락 내려놓다
현인의 노랫소리도 들어주는 흰여울

은하수 밤바다에 어울림 불빛 행진
묘박지錨泊地 떠나가는 뱃고동 소리 따라
갈매기 함께 춤추게 품 내어준 백사장

모래톱 마을

탑마트 뒤편에는 사라진 참나무 숲
모퉁이 마을회관 확성 앰프 달려있다
이장님 알리는 말씀 고향 마을 떠올린다

맨 안쪽 막다른 집 불 꺼진 창문 있다
보안등 불빛 아래 은행잎 황금카펫
창밖의 별을 헤다가 목마 타는 꿈 꾼다

강바람 찾아오는 산기슭 실버마을
메주콩 삶아내니 솔향내 배어든다
장독대 어르신 손맛을 까막까치 알린다

다대포 낙조 분수

몰운대 꿈틀대는 바닷바람 맞고 놀다가
해넘이 놀을 담아 비행기도 즐기는데
밤하늘 춤추는 물빛 푸른 꿈 넘실댄다

오선지 넘나들며 솟구치는 큰 물줄기
천진난만 아이들 신나게 뛰어본다
빽빽한 아파트 숲도 덩달아 치솟는다

을숙도

낙동강 하단 포구 모래섬 쓸쓸하다
나룻배 타고 건너 갈대밭 함께 찾던
철새 떼 화려한 군무 기억 속 떠올린다

만나는 강과 바다 갯벌이 숨을 쉰다
이 한 철 삶의 터전 줄어든 보금자리
되살린 바닷새 낙원 햇살이 웃고 간다

유리 창밖 수채화

연꽃이 잠자다가 놀라서 펼쳐 든다
소나기 장구치고 개구리 술래잡기
정자가 낙숫물 받아 제 영역을 읽는다

연못가 주인이 되려 왜가리 날아 올까
낚시는 안 된다는 안내표지 걸려있고
신이 난 물뱀 한 마리 돌다리가 출렁인다

장대비 퍼붓는 데 흙탕물이 불어나자
오리가 놀러오니 쪽배 타는 원앙부부
잉어와 널뛰는 붕어 망원경이 바쁘다

개나리

꽃바람 흔들면서
전해진 땅속 기운

종달새 가지 위에
노래하며 편지 쓴다

솟아난
햇살 받고서
병아리 떼 웃는다

덕유산이 뭐라카노

발자국 흔적 없는 눈꽃이 보라카네
손 장갑 겹쳐 껴도 손가락이 얼었을까
지팡이 밀쳐놓은 채 겨드랑이 녹인다

함박눈 털어내고 물동이 퍼부은 듯
신이나 넉장거리 하늘이 말을 건다
때묻은 온 몸뚱어리 설빔 한 벌 걸치나

나무가 손짓하며 반갑게 인사하고
향적봉 어깨 기대 눈사람 엎드리네
힘들면 또 오라카네 겨울 추위 감싼다

무수천無愁川 혼저옵서예

이어도 본체만체 한라산이 바라보니
산정호수에 비가 와서 맑은 물이 가득하다
흰 사슴 도르멍 목말라 벌떡벌떡 먹는가

채워진 분화구가 푸른 물길을 열어주면
지하의 바윗길로 용천수 애월 갈까
무수천 지친 몸과 마음 놀멍쉬멍 주먹쥔다

풍낭 그늘 아래에서 사방치기 신이 나고
앞 바당 발 담그고 보말 주워 씻는구나
붉은 해 수평선이 삼켜도 느영나영 노닌다

제3부

신바람 난 닥밭골

꼭대기 올라서면 눈 아래 다 가진 듯
땀방울 맺힌 이마 멈춰서 숨 고르며
까꼬막 말하는 벽화 짱구 골목 엿본다

산만디 살다 보면 떠나는 게 쉽지 않다
아들딸 출가 후에 노인만 사는 동네
정들어 차마 못 떠나는 발길이 붙어있다

팽이가 팽팽 돌아 맞고도 웃고 있다
닥종이 체험 교실 새 옷을 갈아입나
잠자다 깨어난 마을 덩달아 춤을 춘다

낚아채다

유람선 타고 가니 갈매기가 따라온다
새우깡을 던져주자 떨어지기 전 낚아챈다
절묘한 순간 포착에 탄성이 절로 난다

길들어진 입맛에 떠날 줄 모르면서
사람들 틈 비집고 몰려드는 생존 경쟁
친한 척 마주 보면서
마음을 다스린다

놓았던 손끝에서 되살아난 우정의 끈
떨어질까 놓칠까 조바심만 가득하다
순간을 낚아채는 일
삶이란 그런 걸까

회초리를 들다

맞아라 또 맞아라
잘못 키운 내 탓이다

쓴소리 귀를 막고
시치미 어디 있나

어머니
내리치는 손
종아리가 멍들다

때려라 더 때려라
엉덩이 불이 나고

팽이가 머리 들고
맞을수록 꼿꼿하다

잘못을
정말 모르면
매를 들고 때려야지

취준생

배롱나무 죽은 듯이 아파도 말 못 한다
치솟아 오를까, 봐 잔가지가 잘렸지만
어린싹 연두 손 내밀고 살아있어 눈뜬다

첫발을 내딛고자 임시직도 뛰어들고
얼마나 물 올려야 저 실력 알아줄까
꽃피워 그린나래 펼쳐 바늘구멍 두드린다

하루살이

평생이 하루인걸
앞서고 뒤따르며

잔칫집 골목 불빛
날개옷 곱게 입고

춤사위
흥에 취해서
그들만의 길을 간다

모르쇠

불길 속 달구어진
대장간 단단한 쇠

입안의 말하는 혀
자물쇠 채워놓고

잘 몰라,
발뺌하다가
불똥 튈까 피한다

벽을 허물고

먼저 내 손 내밀고서 다가온 네 손 잡아
침묵의 벽을 넘어 못 할 말 편지 쓴다
희망의 빨간 우체통 소식 오길 기다린다

그리움 간직한 채 힘들게 살면서도
이산가족 만나면 금강산은 눈물계곡
남과 북 어디서든지 가슴 열어 반긴다

살아서 애타는 맘 죽어도 못 감는 눈
하루라도 늦기 전에 오래된 벽 허물고
드디어 마주 본 얼굴 맺힌 한이 녹는다

스파이더맨

밧줄에 몸 맡긴 채 유리창 닦는 남자
마음에 낀 먼지까지 구석구석 닦아낸다
흐릿한 어제 일들도 오늘처럼 선명하다

아이 얼굴 떠올리며 두려움 떨쳐낸다
흔들리는 줄 끝에
온몸을 꽁꽁 묶어
아침 해 등줄기 타고
빌딩 숲 건너간다

종이비행기

색종이 고이 접어
소원을 날려 보내

하늘로 높이 솟아
떨어질 땐 시냇가로

조각배
변신하고서
일개미 태워준다

마스크 꽃

하루를 시작할 때 가면 쓰듯 걸치고서
침방울 화살 되어 날개 달고 돌아올까
콧김에 꽃을 피우며 마스크가 말한다

목걸이 꽃을 달아 빗장을 걸어둔다
햇볕이 놀다간 후 잠이 깨 다시 필까
길가의 늦잠꾸러기 바람이 안고 간다

숨쉬기 힘든 것을 눈 말로 주고받고
수다로 떨던 입술 오던 복 달아 날까
실타래 말의 끈 풀어 방패연을 날린다

셋방살이

참나무 위아래로 두 가족 함께 산다
청설모 오르면서 딱따구리 고개 끄떡
부리로 매달은 문패 샘을 내며 살핀다

결혼한 아들 내외 걱정이 태산 같다
망치 소리 들릴까 집주인 눈치 보며
새 가정 소꿉장난에 기쁜 소식 기다린다

붕어빵

이제 막 구워낸 맛 뜨뜻한 봉지 들고
꼭 닮은 가족 함께 먹는 입이 웃고 있다
어머니 자식 보는 눈길 안 먹어도 배부르다

추위를 녹여주는 맛있는 주전부리
인도 옆 포장마차 무쇠틀 바쁘구나
노부부 겨울 한 철은 신바람 절로 난다

가을 든 섬잣나무

울릉도 떠나와서 처음 보는 부산 바다
마주 본 연두색 잎 말 걸어도 못 들은 척
단풍 옷 바꿔 입어도 본체만체 지난다

붉은색 요 바늘쌈 아직도 팔팔한데
갱년기 맞이 하나 더위를 먹은 걸까
이마에 땀을 흘린 채 힘들게 홀로 선다

저 나무 바람든 듯 어르신 애먼 소리
반려견 눈치를 보며 병원에 델꼬 가잔다
노치원 가기 싫다고 유모차 앞세운다

함부로 담을 넘는가

비둘기 모여 앉아 친구를 구별할까
참새가 쪼며 수다 허수아비 못 들은 척
불곰이 울부짖으며 감춘 이빨 드러낸다

반도를 빼앗은 후 국경을 기습 침범
통째로 삼키려다 반격에 주춤하고
지구촌 최고 땅 부자 또 욕심을 부리나

담 넘어 짓밟으니 피 흘려 쓰러지고
피난민 줄을 서고 어린이 강제 이주
용병을 앞장세워서 싸움판이 커진다

미사일 도시 파괴 전쟁광이 따로 없다
탱크가 멈추도록 드론이 막아내고
평화가 두 손 꼭 잡고 우방 함께 웃을까

판잣집

대학교 언덕 밑에 놓여 있는 허름한 집
비닐이 춤을 추며 양철 지붕 소리친다
도시 속 벼랑에 갇혀 속살이 비칩니다

건너편 골목시장 발목을 붙잡는 듯
이삿짐 떠나가는 정든 곳 이웃사촌
외딴섬 갈 곳 못 찾아 속울음 삼킵니다

재개발 바람 불어 빈집에 길고양이
쪽 마당 한 귀퉁이 텃밭이 마중온다
햇살이 속삭여 주는 둥지를 지킵니다

홍콩반점이 왜 이래

칼국수 유명 맛집 가는 날이 장날인가
오랜만에 외식인데 갈 곳 찾아 두리번거리다
사람이 줄 서 있는 곳 점심 메뉴 바꾼다

물가가 널뛰어도 자장면값 그대로다
단무지 양파 몇 쪽 내 입맛이 살아날까
한 그릇 쫄깃한 면발 침샘이 솟아난다

음식값 먼저 내라 얄미운 주인장이다
손님을 못 믿는가, 중국집 처음 본다
누군가 맛있게 먹고 줄행랑을 친 건가

하단 장날, 떨이요

아직도 안 팔리네, 저만치 떠난 햇살
시장통 쭈그려 앉아 고들빼기 다듬는다
할머니 꼬부랑 허리 가는 발길 잡는다

고모님 닮은 얼굴 씀바귀 소쿠리째 샀다
봄나물에 취한 걸까 콧노래 절로 나온다
떨이요 몽땅 떨이요 그 목소리 쟁쟁하다

오일장 골목길에 배꼽시계 신호 온다
싱싱한 것 골라오지, 잔소리 또 듣겠지
냉잇국 봄을 듬뿍 담아 맛봉오리 되살린다

제4부

금샘

금정산 큰 바위에
돌 거울 반짝인다

비늘 옷 벗어둔 채
금 물고기 놀다 간 곳

옹달샘
마르지 않게
첫 새벽을 그린다

블랙홀

급하게 달리다가
아찔한 순간 멈춤

그제서야 보인다
추락 방지 스티커

방심한
그 틈 속에서
고개 드는 깊은 수렁

반려견을 보내고

홍콩의 딸 집까지 카톡 소리 요란하다
늙은 치와와를 옆집에 부탁했는데
고독사 시킬 수 없어 비행기 표 바꾼다

눈앞에 아롱거린 십육 년 함께 산 정
장례는 치러야지 눈물이 핑 도는구나
나무에 이름표 걸며 흙으로 남겨준다

꽃집

꽃 파는 모퉁이 집
엉겨 붙은 개와 고양이

목줄을 매고서도
밀고 당겨 줄다리기

인식표
흔들어 대며
향기를 나눠준다

모기

어두운 구석에서 기회를 엿보다가
향 내음 감수하고 날갯짓 재촉한다
앵~하고
따끔한 주사
정신 번쩍 들게 한다

한입에 가득 채워 움직이지 못하고서
적당히 먹어야지 날아갈 수 있을 텐데
언제나
가벼운 식사
장수하는 비결이다

잠시만 쉬어 가려 방바닥 발을 딛자
밀려온 손바람에 그대로 피 토한다
지나친
욕심 때문에
꼼짝없이 잠든다

인터넷 말

칼날이 휘두르며 상처가 덧나듯이
예사로 툭 던진 말 속마음 드러낸다
입 밖에 나오는 순간 내 발등을 찍는다

검은색 날개 탄 말 모르는 척 내뱉을 때
정수리 내리치는 망치보다 무섭구나
막말은 꾹 삼켜야 해 후회해도 때는 늦다

소문이 달려가서 댓글로 도배된 벽
몸값을 올리려고 잘못이 네 탓 한다
돌팔매 무심코 맞아 나라가 시끄럽다

오늘살이

눈 뜨고 새벽 만나 집에 와 드러눕는다
하루가 한 달 가고 일 년이 후딱 가네
오늘을 살아 숨 쉬는 바쁜 걸음 굴린다

아침이 걸어오면 어물쩍 안 보내고
대문 앞 내민 얼굴 먼 길을 향한 걸음
새롭게 한가락 하려 날숨 들숨 키운다

맑은 날 다가와 허락된 푸른 하늘
축 처진 어깨너머 노란 우산 지켜줄까
틈새에 살짝 비집고 줄 하나 잡고 산다

파랑새

새장을 열어 두면
어디로 떠나갈까

무서운 눈총 피해
눈 감고 귀 막아도

누구도
막을 수 없다
시나브로 빠지네

까치집

고압선 넘나드는 전신주 틈 사이
입에 문 나뭇가지 날라서 집 짓는다
오두막 새집 마련해 달빛이 웃고 간다

꼭대기 저 피뢰침 벼락도 막아주고
가끔은 부러워서 고개 들어 눈길 간다
든든한 버팀목 둥지 집세도 안 받는다

옹달샘

몰운대 갈맷길에 흐르는 물웅덩이
돌다리 뛰어보니 첨벙 소리 재미있다
목마른 산짐승 쉼터 안내판에 놀란다

인적이 없는 곳도 물길이 있을 텐데
찾았다 오아시스 까치의 기쁜 소식
깊은 숲 아리아 나라 바로 당신 선샘 주인

보수동 책방골목

촛불을 밝혀 들고 지켜보는 공자 맹자
감동 준 그 한 말씀 평생의 등불 되다
빈 가슴 가득 채워 준 생기 찾는 보수동

발아래 훈민정음 만드신 세종대왕
꿀벌이 꽃을 찾듯 책벌레 길나들이
새롭게 전시된 공간 단골 되어 찾는다

책의 숲 한 가운데 혼자서도 즐거운 곳
그 속에 영웅 만나 가던 길 멈춰 선다
옛날 책 향기로운 길 잊지못할 부산 명물

책에서 향기 찾다

어디로 가고 있나 등산복 차림이다
시집을 읽어본다, 산에서 배낭 열고
기운을 충전한 후에 팔 흔들고 걷는다

바닷가 바위 지나 강으로 향하는가
낚시를 해 봤어야 큰 고기 엿보는데
내 마음 끌리는 곳은 비린내가 아니다

눈빛이 심상찮게 헌책방 구석진 곳
어느 임이 읽은 흔적 책 속에 줄지어 있고
감 잡아 낚아챈 것은 그림 담긴 책 한 권

하룻밤 귀촌

농촌에 사는 친구 집 구경하는 재미
서투른 연장 들고 지는 해 바라본다
숯불의 향토 찜질방 쌓인 피로 녹인다

외양간 다시 세워 온돌방 만들고서
새집을 짓기보다 힘들다 푸념 소리
외로운 동네 어르신 싸리문 앞 맴돈다

야생화 작은 꽃밭 약탕기 줄 세우고
가마솥 불 지피니 연기가 날개 단다
온몸에 가득 담아온 내 고향 땅 흙냄새

황령산 전망대

섶나무 말똥 말려 연기를 피우는가
밤에는 횃불 밝혀 불빛으로 연락한다
임진년 봉수군 배돌이 왜구 침입 알린 곳

전포동 밭 개 마을 물 마신 보배 새미
감로사 범종 울림 새벽을 열어둔다
천연의 구상 반려암 시름을 내려놓다

부처님 오시는 날 봉수대가 둘러본다
둥근 해 맞이하여 바라본 부산항대교
싸리비 설레발치니 일몰까지 연등 단다

맨발이 깨어난다

신발은 배낭에 넣고 양말도 벗어둔 채
땅뫼산 황톳길은 푸른 나이 되는 걸까
내 몸이 날아가듯이 잠든 세포 춤춘다

다대포 모래사장 걷기 열풍 붐빈다
돌멩이 사이사이 혹시나 상처 날까
파상풍 주사를 맞고 흔드는 팔 날개로다

병원길 멀리하고 모래성 부수는가
꿀잠을 꿈꾸면서 발바닥이 인증할까
맨발로 지구를 들어 붉은 노을 깨운다

은구재*隱求齋 돌아보며

소곡산 바라보며 태실비 찾아가다가
인기척 전혀 없는 반쯤 열린 싸리문 앞
삽살개 짖는 소리가 글 읽는 듯합니다

효도를 실천하라는 가르친 유암 선생
이 마음 깃든 흔적 학동 소식 없습니다
사랑채 떠들썩하던 집터인가 풀밭인가

대문은 주저앉고 열려진 작은 쪽문
먼지 쌓인 대청마루 당호만 또렷하다
성못길 지나가면서 눈길 한번 줍니다

*경상남도 사천시 곤명면 은사리 소곡산 아래 있었던 서당으로
 유암有菴 이후림李厚林 선생이 후학을 가르친 곳임

제5부

은사리

철부지 어린 시절 꿈동산 찾아낸다
운동회 함께 달린 할아버지 헛것 다리
뛰놀던 초등학교는 폐교되어 고추밭

다솔사 가을 소풍 그 친구 떠오른다
밥 담은 놋 밥그릇 보자기 옆에 둔 채
멱 감고 물장구치다가 배고픈 줄 몰랐다

선비 상 건너편에 느티나무 동네 쉼터
가은정佳隱亭 새로 짓고 무병과 풍년 빈다
이순신 백의종군로 발길 멈춘 도원곡桃源谷

석경石鏡

큰 바위 거울 속에는
한 우주 품고 있다

마음을 열어 보면
맑은 기운 신비롭다

산청 땅
동의전東醫殿에는
허준 선생 살아있네

탑

산길을 오르면서 돌 한 개 올려 둔다
말없이 누군가가 탑으로 만들었나
정화수 간절한 정성 할머니가 서 있다

여우비 눈물 소리 탑 도는 산 고양이
그 앞에 마주 보니 돌비가 쏟아질까
태풍이 휘몰아쳐도 끄떡없는 그 모습

돌탑들의 키 재기는 서로를 크다 하고
시원한 바가지 물 영혼까지 개운하다
가슴 속 온갖 시름도 탑이 내려놓으란다

다솔사 신목

반야의 천년 고목 그 절집 지켜왔다
범종이 울려오자, 문지기 잠이 깬다
고사목 살려낸 신통력 작은 새잎 한 줄기

빛 위의 구름 모자 눈비로 씻어 주며
중생들 명상 자리 비워두고 기다린다
깨달음 간절한 바람만 전하는 목간의 힘

나무 옷 걸쳐 입고 느껴본 힘찬 정령
나 자신 한 몸 되어 모든 근심 내려놓다
문 없는 그 좁은 문에서 큰 가르침 잡는다

황계폭포

햇살이 숨고 난 후 칼날로 서 있다가
은하수 내려와서 두 번을 함께 뛰어
큰 붓질 물줄기 때려 너럭바위 길 낸다

볍씨가 물길 끌어 오리와 뛰어노니
허수아비 춤추는 들판은 황금물결
남명의 깊은 뜻 알고 탐욕 씻어 흐른다

가왕도 加王島

벌초하러 가려는데 파도가 발 묶는다
바다가 훈장 할배 갯바위 잡아두고
억새로 뒤덮은 집 안 두루마기 걸려 있다

분교도 사라지고 추억조차 희미해진
새 발자국 자갈길에 해당화 손짓한다
풀 자란 텅 빈 나루터 갈매기 줄을 선다

꿈속의 아버지

해서체 정성 들여 화선지 꽉 채우고
호 이름 남긴 작품 손끝에 배인 묵향
돌 도장 벽 보고 앉아 참선에 빠집니다

초서체 갈겨쓴 듯 흔들리며 걸어온 길
잘난 척 우쭐대니 꿰뚫고 멍때리고
빈 의자 본척만척해 얼굴이 말합니다

공자가 살아 있나 붓대가 요동치며
합죽선 마주치자, 웃음이 그려진다
핫바지 잠이 덜 깬 선비 대밭에 숨습니다

구송*九松, 너를 생각한다

소나기 땅을 치고 시냇물 울부짖자
서둘러 찾아오는 삿갓 쓴 저 나그네
부채를 활짝 펼쳐서 노랫가락 뽑는 듯

올곧게 배움터에 새겨져 남긴 이름
제 모습 맑은 거울 비쳐진 그리운 임
품은 뜻 신령한 정기 울림소리 받든다

밑동의 굵은 가지 나이를 잊은 세월
텃새가 글 읽는 듯 삼백 년 보금자리
청백한 그 기상 닮아 선비정신 깨친다

*구송은 경남 함양군 휴천면 목현리에 천연기념물 제358호로
 지정된 반송임

청설모

소나무 올라가며
바쁘게 겨울 채비

꼬리가 붓자루로
숨긴 흔적 지우고서

숲속의
식량창고에
누가 볼까 살핀다

부산 볍씨

긴 사래 이런 독백 묵정밭 쟁기 묻고
한 알의 씨앗 키워 볏단을 거머쥔다
멋지게 가락 읊어서 뜸 돌려 밥맛 본다

오늘도 책방골목 하릴없이 거닐구나
절반은 낚아 올려 빈 번호 이십여 권
아무리 기웃거려도 머리카락 숨는다

빛나는 저 눈썰미 그물을 던져둔 채
눈뜬 책 마주치면 기억 창 입력한다
씨알이 일어서도록 뜬구름 두드린다

뿌려 둔 마음 밭에 담아낸 시대정신
시의 눈 어디 있나 정형을 고집하며
붓방아, 낚아챌 준비 부산을 넘나든다

*첫수는 볍씨 제1집을 인용했습니다

한글날

한 강이 하늘 되어
대한민국 글눈 뜨다

글 써요. 어머니 품
무지렁이 나랏말씀이

날갯짓
어엿비 녀겨
훈민정음 가갸날

한글날 2

한마음 한뜻 모아
훈민정음 만드시다

글눈 뜬 조선 백성
위대한 세종대왕

날마다
우리말 가꾸는
자랑스런 대한민국

알 수 없어요

가을이 익어가니
붉은 등 달려 있다

야생의 감나무에
눈으로만 맛보란다

제 혼자
따 가려는 속셈
아니기를 빌어 본다

대한독립 만세

유관순 감옥 속에 죽음을 재촉하니
태극기 손에 들고 삼천리가 휘날리고
비폭력 평화적 저항 세계인이 놀란다

고종의 인산일에 하나 된 백의민족
제 역할 알아채고 힘든 길 찾아가니
상하이 임시 정부수립 광복이 첫발 뗀다

백 년 전 목숨 바친 선열의 뜻 되새기며
삼월이 일어서서 학교에서 장터까지
마안산 참배객 틈에 만세 물결 뒤따른다

자갈치 모퉁이

갈매기 끼룩대는
비린내 날갯짓에

하릴없는 사람들이
물속만 바라보고

숭어 떼
고요를 깬다
들썩이는 어시장

까꿍

아가야 여기 있다, 호박이 굴러온다
까르르 말하면서 눈 가리고 숨은 척
어디에 눈을 맞출까, 아웅 하며 웃는다

엄마가 안 보이며 응애 응애 울다가도
주먹을 쥐고 펴고 우쭈쭈 귀한 아이
아기가 젖꼭지 물고 운전도 잘도 한다

어르는 얼굴 보고 그루잠 윙크하듯
예쁜 짓 평생 효도 걸음마 한발 두발
소풍 갈 배낭을 메고 운동화가 귀엽다

자, 갈치다

이제 막 글 깨우친
내 조카 덕홍이 말

지하철 표지 보고
또렷이 "자, 갈치다."

어시장
싱싱한 갈치
보는 듯 떠올린다

| 해설 |

거부의 몸짓, 통상관례의 초월

임종찬 | 부산대 명예교수. 시조시인

I

　우리 목전에 전개된 아름다운 대상 또는 풍경은 우리 내부에 잠재되어 있는 욕망을 자극하는 경우가 있다. 허기를 느낄 때 과일 그림을 감상한다면 그림 속 과일은 실천적 관심거리로 둔갑해서 보일 수 있다는 말이다. 한창 젊은 나이에 미인의 나체 그림을 대하였다면 성적인 실천적 관심거리로 볼 수 있다는 말이다.
　그러나 그림이 실물과 다른 점은 현실적 관심거리가 된다 해도 우리 감정을 흥분시키지는 않는다는 점이다. 그림을 대하는 순간 개인의 이해를 초월한 상태에서, 다시 말해 미적 관심의 대상으로서 그림을 바라보기 때문에 관심거리는 되어도 흥분에 도달하게 하지 않는다.
　시는 그림과 또 다른 예술이다. 시는 그림처럼 즉물적 표현을 하지 않는다. 시어들은 독자가 의미의 맥락을 파고들어 가까스로 이해의 봉우리에 도착할 수 있게 만들어 놓은 예술이다. 시의 이해를 돕는 훈련된 상상력의 소유자들만이 시를 제대로 감상할 수 있는 까다로운 예술이 시다.

Ⅱ

시적인 사고는 인간의 별개의 속성, 이를테면 일상생활에서 유용한 기능들과는 영 딴판일 때가 많다. 인간 경험의 통속적 가치 혹은 인지의 세계를 초월한 빗대어 말하기, 은유, 환유, 반어 등을 통해 세계를 나름대로 조작한다. 사물을 제대로 보려 하지 않고 조작해서 보는 것이 시인이다.

이 원술 시인의 시조 특징 중 하나는 그의 삶의 바탕인 부산이라는 지역성을 다르게 꾸며보는 버릇이 있다. 그가 경험한 부산을 보다 가치 있게, 아니면 자기 인생과 결부해서 부산이라는 그림을 새로 채색하고 있다는 점이다.

> 촛불을 밝혀 들고 지켜보는 공자 맹자
> 감동 준 그 한 말씀 평생의 등불 되다
> 빈 가슴 가득 채워 준 생기 찾는 보수동
>
> — '보수동 책방골목' 일부

시인은 말을 멈추었지만 자신이 공맹사상의 가치를 준수하며 살아왔음을 자위하는 말투다. 공맹사상이 가슴을 채워준 영양소이고, 현재대로의 삶을 지탱하게 한 근본임을 말하면서 자신 닮은 사람들이 왕래하는 보수동 헌책방 골목을 감상하고 있다. 그 거리가 주는 의미를 심각하게 해석하고 있다.

> 눈빛이 심상찮게 헌책방 구석진 곳
> 어느 임이 읽은 흔적 책 속에 줄지어 있고
> 감 잡아 낚아챈 것은 그림 담긴 책 한 권
>
> — '책에서 향기 찾다' 일부

역시 그렇다. 낚시꾼이 대어를 낚은 듯이 용하게 낚아챈 책 한 권의 수확을 말하고 있지 않는가. 보수동 헌책방 골목은 그가 독서할 거리를 장만하기 위해 나들이 가는 장소이고, 책을 낚아채는 낚시 장소다. 보통 사람들은 헌책방 거리를 무심히 지나칠 수도 있지만 시인의 눈은 이런 통상관례를 초월하고 거기 모이는 사람들을 눈빛이 심상찮은 사람들로 보고 있다.

그는 모범공무원으로 퇴직하였다는 사실처럼 생활 자체가 절대적인 양심이 바탕 된 사람, 책을 가까이하는 학자적 태도로 일관한 삶, 이것들이 물씬 묻어나지 않는가.

금정산 큰 바위에
돌 거울 반짝인다

비늘 옷 벗어둔 채
금 물고기 놀다 간 곳

옹달샘
마르지 않게
첫 새벽을 그린다

— '금샘' 전문

 부산의 상징인 금정산 꼭대기에 금샘이 있다. 거대한 바위 머리에 움푹 패인 곳에 물이 고여 있어 이를 부산 사람들은 금샘이라 한다. 금의 가치를 가진 샘이란 뜻 말고, 여기에 유영하는 금 물고기가 밤이면 내려와 놀다가 새벽이 되면 다시 하늘로 승천한다는 전설의 바위다.
 영험을 바라는 부산 사람들은 첫 새벽 여기에 올라 하늘을 향해 기도하는 기도처이기도 한 곳이다. 그의 기도는 물이 마르지 않고 금 물고기가 유영하는 것이다. 그는 영락없는 부산 사람티를 내고 있다. 이것은 다음 시조에서도 역력하다.

> 낙동강 하단 포구 모래섬 쓸쓸하다
> 나룻배 타고 건너 갈대밭 함께 찾던
> 철새 떼 화려한 군무 기억 속 떠올린다
>
> — '을숙도' 일부

낙동강 칠백리 길을 더듬더듬 흘러와서 바다로 합류하는 을숙도는 세계적 철새 도래지다. 여기서 나룻배 한 척으로 생계를 유지하는 어부들도 있고, 각종 철새들이 날아와 보금자리를 만들어 살다 가는 곳, 그리고 그들의 군무하는 풍경, 바람이 불면 억새잎 서걱이는 소리, 또 억새꽃이 바람에 날리는 모습은 과히 장관이다.

이런 거창한 풍경을 시인은 왜 쓸쓸하다 했을까. 충만한 삶의 현장을 목도하면서 달리 표현하는 이유는 뭘까. 이제 이 시인은 칠십하고도 몇 살을 더한 나이에 당도하여 저무는 자신의 인생을 갈대밭으로 비견하는 걸까. 아니면 문명과 자연의 부조화 현장을 목도하여 쓸쓸하다 했을까. 하여간 이 시인은 부산을 사랑하고, 걱정하면서 부산을 다시 색칠하는 시인이다.

Ⅲ

발화자는 청자의 가청거리를 잘 읽어내고 유지해야 대화가 가능하다. 청자가 외국인이라면 외국말로 발화해야 소통된다.

소통이 가능해졌다 해도 말은 의미의 전달에 그치지 않고 말을 발화하는 순간 발화자의 마음 상태, 의도, 지향점 등을 전달하기 때문에 말은 발화 순간 온전한 육체를 가진다.

언어학자 에밀 뱅베니스트(Émile Benveniste, 1902~1976)는 그의 『일반 언어학의 제 문제』에서 이런 말을 하였다.

> '언어의 역할은 대체물의 자격으로 다른 사상을 환기함으로써 그것을 표상하는 것이며, 그렇게 함으로써 대리 화하는 것이다.'

언어의 일반적 기능을 지적한 말이다. 그러나 시의 언어는 이와는 다른 통상관례를 부수는 데서 출발한다. 시가 잘 읽히지 않고 이해조차 어렵다는 독자의 항의는 독자가 시인의 시적 상상력에 도달하지 않았기 때문일 수도 있고, 시인 자신이 독자에게 봉사하는 노력의 부족, 아니면 자신만의 고집이 행사되는 난해 시의 경우가 있을 수 있다. 어느 경우든 시를 위해서는 불행한 일이다.

이 시인은 이 두 경우 모두를 거절한다. 시는 일단 가청거리 안에 놓여야 한다고 생각하는 것 같다. 말이 쉬워야 한다고 생각 하는 것 같다.

평생이 하루인걸
앞서고 뒤따르며

잔칫집 골목 불빛
날개옷 곱게 입고

춤사위
흥에 취해서
그들만의 길을 간다

― '하루살이' 전문

　　하루살이의 하루 평생을 보면서 비록 인간의 시간으로 하루에 지나지 않다고 해도 잔치판 벌리고 손님을 초대하는 날개옷 차림의 춤으로 하루살이를 보고 있다. 한 순간의 삶이라도 춤으로 하루살이를 한다는 표현이 재미있다. 삶은 길고 짧음으로 판단할 일이 아니고 하루를 살아도 즐겁게 살아볼 일임을 간접적으로 말하는 것 같다.

참나무 위아래로 두 가족 함께 산다
청설모 오르면서 딱따구리 고개 끄떡
부리로 매달은 문패 샘을 내며 살핀다

결혼한 아들 내외 걱정이 태산 같다
망치 소리 들릴까 집주인 눈치 보며
새 가정 소꿉장난에 기쁜 소식 기다린다

― '셋방살이' 전문

앞 수에서는 참나무 한 그루에 셋집 든 두 식구를 읊었다. 비록 세를 들어 산다 해도 각자 삶을 긍정하는 고개 끄떡거리는 모습으로 부족하지 않은 셋방살이, 그리고 그 이웃을 보고 있다. 뒷 수는 세 든 새 가정을 꾸민 신접살이의 어려움과 조심스러운 태도를 나타내었다. 앞 수는 비록 세 들어 살긴 하지만 조금도 어려움 없는 넉넉함이라면 뒷 수는 주인집 눈치를 봐야 하는 조바심 많은 셋방살이의 고달픔이 나타나 있다.

자연은 넉넉히 이웃을 품고 살고 서로가 서로를 의지해 살지만 인간 세계의 셋방살이는 그렇지 않음을 말하는 것 같다. 이 두 삶을 대조한 재치가 재미있다.

시에서의 은유는 즉각적 의미의 혈관을 연결하기보다는 함축으로 새로운 의미를 창조한다. 이것이 지나치면 시를 읽어내기 쉽지 않게 할 때가 많다. 언어의 한계를 확장하는 것은 은유다. 그래서 은유가 시에 유효하게 작용한다고 할 수 있다. 그러나 은유가 지나치면 역시 가청거리 밖을 맴도는 시가 되고 만다.

이 시인의 작품들은 한자말이나 외국어 같은 것이 거의 없다. 순우리말을 시어로 쓰면서 무리한 수사를 피하고 있다. 그리고 은유의 심도를 더하는 그런 난해성의 시를 미워하는 것 같다. 시는 모래에 물이 스며들듯이 독자의 가슴에 스며들었으면 하는 욕심일 수 있다. 이런 점을 이 시인은 고집하는 것 같고, 이것이 그의 시학이

라고 강조하는 것 같다. 그것도 시의 강점일 수 있다.
 첫 시조집은 이렇게 선을 보이는 것만으로도 훌륭하다. 다음 시조집에서는 주제에서나 표현에서 시의 폭과 깊이를 넓히어 놀라운 시조시인으로 거듭나기를 바란다.